I0783090

# Liderazgo Transformacional

Alejandro Rivera

/ Alejandro Rivera /

Datos legales y legales
Autor: © Alejandro Rivera
Reservados Todos los Derechos


La Obra está protegida por las leyes de derechos de autor y tratados internacionales. El Autor posee todos los derechos de autor sobre la Obra, incluidos, entre otros, los derechos de reproducción, distribución, exhibición y adaptación.Cualquier uso no autorizado de la Obra, incluido pero no limitado a la reproducción, distribución o exhibición pública, está estrictamente prohibido y puede constituir una violación de los derechos de autor del Autor.

Información Gráfica:Imagenes tomadas de freepik.es
Copyright holder: © Imperial Edition

# Introducción al Liderazgo Transformacional

En el panorama dinámico de los negocios y la sociedad, surge un enfoque de liderazgo que va más allá de la mera gestión y dirección. Nos referimos al Liderazgo Transformacional, un paradigma que no solo busca alcanzar metas y objetivos, sino que aspira a inspirar, motivar y elevar a quienes lideran hacia nuevas alturas de logro y desarrollo.

En este libro, nos embarcamos en un viaje de descubrimiento hacia las complejidades y maravillas del Liderazgo Transformacional. Exploraremos no solo sus fundamentos teóricos, sino también su aplicación práctica en una variedad de contextos. Desde las aulas hasta los tableros de directores, desde equipos pequeños hasta organizaciones enteras, el Liderazgo Transformacional se presenta como una fuerza poderosa capaz de no solo gestionar el cambio, sino de catalizar transformaciones significativas.

A lo largo de estas páginas, examinaremos las características distintivas de los líderes transformacionales, su capacidad para inspirar y motivar, así como su habilidad para cultivar un entorno propicio para la innovación y el crecimiento. Veremos cómo el liderazgo transformacional no es solo un conjunto de habilidades, sino una filosofía que desafia las convenciones y busca constantemente formas de mejorar y evolucionar.

Adentrémonos juntos en este fascinante viaje de liderazgo, donde descubriremos que la verdadera transformación comienza con el líder y se propaga, como ondas expansivas, hacia todos los rincones de la organización y más allá. El Liderazgo Transformacional no es solo una teoría; es una llamada a la acción para todos aquellos que desean no solo dirigir, sino inspirar, no solo gestionar, sino transformar. ¡Bienvenidos a un nuevo horizonte de liderazgo!

# Los Fundamentos del Liderazgo Efectivo

El liderazgo efectivo se erige sobre pilares sólidos que trascienden las modas y las circunstancias cambiantes. Alcanzar la maestría en la conducción de equipos y la inspiración de individuos requiere un entendimiento profundo de los fundamentos esenciales del liderazgo. Este capítulo se sumerge en esos fundamentos, delineando los principios universales que sostienen todo liderazgo efectivo.

## 1. Visión Clara y Compartida

Un líder efectivo articula una visión convincente y la comunica de manera que inspire a otros. Esta no visión solo guía las acciones, sino que también crea un sentido de propósito y dirección compartidas.

## 2. Comunicación Hábil

La comunicación efectiva es el pegamento que une a un equipo. Desde la escucha activa hasta la expresión clara de ideas, un líder maestro domina el arte de la comunicación en todas sus formas.

## 3. Toma de Decisiones Resilientes

El liderazgo implica tomar decisiones, a menudo en momentos cruciales. Un líder efectivo no teme la toma de decisiones, sino que abraza la responsabilidad y aprende de cada elección, serán estas un éxito o un desafío.

## 4. Desarrollo de Habilidades Interpersonales

La capacidad de entender y conectarse con las personas es esencial. Los líderes efectivos cultivan relaciones sólidas y fomentan un ambiente de confianza y colaboración.

## 5. Adaptabilidad y Resiliencia

En un mundo en constante cambio, los líderes efectivos son capaces de adaptarse a nuevas circunstancias y superar obstáculos con resiliencia. La capacidad de liderar en la adversidad define a un verdadero líder.

## 6. Empatía y Reconocimiento

Reconocer las contribuciones de los demás y demostrar empatía hacia las necesidades y desafíos individuales fortalece los lazos del equipo y promueve un sentido de pertenencia.

## 7. Desarrollo de Talento

Nutrir y desarrollar el talento dentro del equipo es un compromiso constante. Un líder efectivo no solo guía, sino que también invierte en el crecimiento y desarrollo profesional de los miembros del equipo.

Este capítulo sirve como un fundamento sólido para aquellos que buscan comprender y aplicar los fundamentos esenciales del liderazgo efectivo. A medida que avanzamos en este viaje, recordamos que un liderazgo duradero se construye sobre la base de estos principios eternos.

# Características Clave del Líder Transformacional

El liderazgo transformacional es un estilo de liderazgo que se centra en inspirar y motivar a los miembros del equipo para alcanzar metas más allá de lo esperado. Aquí tienes algunas características clave del líder transformacional:

## Visión Inspiradora

Los líderes transformacionales tienen una visión clara y emocionante del futuro. Comunican esta visión de manera convincente, inspirando a los demás a seguirlos.

## Carisma

El carisma es una cualidad distintiva de los líderes transformacionales. Tienen la capacidad de atraer y cautivar a las personas, generando un fuerte sentido de identificación y lealtad.

## Inspiración personal

Estos líderes no solo hablan sobre la visión, sino que también personifican los valores y comportamientos deseados. Sirven como modelos a seguir y motivan a los demás a alcanzar su máximo potencial.

## Estímulo Intelectual

Fomentan la creatividad y la innovación al desafiar el pensamiento convencional y alentando a los miembros del equipo a cuestionar suposiciones y buscar nuevas soluciones.

## Consideración individualizada

Reconocen y responden a las necesidades individuales de los miembros del equipo. Se preocupan por el desarrollo personal y profesional de cada persona, promoviendo un ambiente de apoyo y confianza.

## Empoderamiento y Delegación

Fomentan un sentido de autonomía y empoderamiento al delegar responsabilidades. Permiten que los miembros del equipo tomen decisiones y asuman un papel activo en la consecución de objetivos.

## Gestión del Cambio

Los líderes transformacionales son hábiles para gestionar el cambio. Ven los desafíos como oportunidades y motivan a los demás a abrazar y adaptarse a cambios positivos.

## Comunicación Efectiva

Tienen habilidades de comunicación excepcionales. Saben cómo articular la visión y los objetivos de manera clara y persuasiva, conectando emocionalmente con los demás.

## Orientación a Resultados a Largo Plazo

Aunque pueden abordar metas a corto plazo, los líderes transformacionales están orientados a objetivos a largo plazo. Su enfoque va más allá de simplemente cumplir con las metas inmediatas.

## Desarrollo de Equipos

Se centran en el desarrollo y fortalecimiento del equipo. Construyen relaciones sólidas y fomentan un ambiente colaborativo donde cada miembro se siente valorado y contribuye al éxito colectivo.

Estas características clave trabajan en conjunto para crear un entorno donde los seguidores se sientan inspirados, motivados y capacitados para alcanzar metas extraordinarias.

# Modelos de Liderazgo en la Historia

A lo largo de la historia, ha habido diversos modelos de liderazgo que han surgido en diferentes contextos culturales, políticos y sociales. Algunos de estos modelos de liderazgo han dejado una huella significativa en la forma en que entendemos y practicamos el liderazgo. Aquí hay algunos ejemplos:

## Liderazgo Carismático - Mahatma Gandhi

Gandhi fue un líder carismático que inspiró a millones de personas en la India a través de sus acciones no violentas. Su carisma radicaba en su firmeza de principios, su dedicación a la justicia y su habilidad para movilizar a las masas de manera pacífica.

## Liderazgo Transformacional - Martin Luther King Jr.

King fue un líder transformacional clave en el movimiento por los derechos civiles en Estados Unidos. Su habilidad para articular una visión inspiradora y movilizar a la gente hacia metas comunes lo convierte en un ejemplo de liderazgo transformacional.

## Liderazgo Situacional - Dwight D. Eisenhower

Eisenhower, un general y presidente de los Estados Unidos, es a menudo asociado con el liderazgo situacional. Tenía la habilidad de adaptarse a diferentes situaciones y ajustar su estilo de liderazgo según las demandas del momento, ya fuera en el campo de batalla o en la política.

## Liderazgo Autocrático - Adolf Hitler

Hitler es un ejemplo de liderazgo autocrático, donde el poder se concentra en una sola figura central y las decisiones se toman de manera autoritaria. Este estilo de liderazgo tuvo consecuencias devastadoras durante la Segunda Guerra Mundial.

## Liderazgo Democrático - Nelson Mandela

Mandela, el líder antiapartheid y expresidente de Sudáfrica, es a menudo visto como un ejemplo de liderazgo democrático. Abogó por la reconciliación y la unidad en un momento crucial de la historia sudafricana.

## Liderazgo Carismático y Visionario - Steve Jobs

Jobs, cofundador de Apple, fue conocido por su liderazgo carismático y su capacidad para visualizar productos innovadores. Su estilo a menudo desafiante y su enfoque en la excelencia han dejado una marca significativa en el mundo de la tecnología.

## Liderazgo Transaccional - Jack Welch

Welch fue el CEO de General Electric y es a menudo asociado con el liderazgo transaccional. Este enfoque implica el intercambio de recompensas y castigos según el rendimiento, y Welch era conocido por su enfoque en los resultados y la eficiencia.

Estos son solo algunos ejemplos, y es importante señalar que la efectividad del liderazgo a menudo depende del contexto y las circunstancias específicas. Además, algunos líderes pueden incorporar elementos de varios estilos de liderazgo en su enfoque.

# Inspiración y Motivación

Influir en la inspiración y motivación de los demás requiere empatía, habilidades de comunicación efectivas y un liderazgo positivo. Aquí hay algunas estrategias que puedes emplear para inspirar y motivar a los demás:

## Comunicación Clara de la Visión

La comunicación clara de la visión es esencial para el liderazgo efectivo, ya que implica transmitir la dirección estratégica, los objetivos y la misión de una organización de manera que inspire y motive a los demás. La visión debe ser clara, significativa y emocionante, articulando el destino al que se dirige la organización y el impacto positivo que se espera lograr. Al relacionar la visión con los valores fundamentales de la organización, se fortalece la conexión emocional con la misión.

Es crucial comunicar la visión de manera consistente, repitiendo y reforzando el mensaje para que la visión se arraigue en la mente de las personas y se convierta en una guía constante. El lenguaje utilizado debe ser inspirador, empleando palabras y frases que evocan emociones positivas y transmiten la importancia y la urgencia de la visión. Pintar imágenes mentales vívidas que representan la realización de la visión ayuda a las personas a visualizar el éxito y a hacer la conexión entre su trabajo diario y la meta final.

La participación y la retroalimentación son claves para involucrar a los miembros del equipo en la visión. Adaptar el mensaje según la audiencia garantiza que la comunicación sea relevante y comprensible para diferentes grupos. Relacionar la visión con el trabajo diario de cada individuo resalta la importancia de cada contribución y refuerza el sentido de propósito. Estar preparado para abordar preguntas y preocupaciones, así como celebrar los éxitos y éxitos en el camino, contribuye a mantener la motivación y el compromiso.

Revisar y actualizar la visión según sea necesario es esencial, ya que las circunstancias evolucionan. La comunicación clara de la visión, cuando se realiza de manera efectiva, se convierte en una herramienta poderosa para alinear a un equipo y motivarlo hacia el logro de metas compartidas. Un líder efectivo no solo formula una visión una inspiradora, sino que también la comunica de manera que resuene con las aspiraciones y valores de su equipo.

Modelo el Comportamiento Deseado

Sé un modelo a seguir. Practica las actitudes y comportamientos que esperas ver en los demás. La coherencia entre tus palabras y acciones construye confianza y motivación.

**Reconocimiento y Aprecio**

El reconocimiento y aprecio en el entorno laboral son componentes esenciales para fomentar un ambiente positivo y motivador. Reconocer el trabajo bien hecho implica más que simplemente señalar logros; implica expresar de manera auténtica el valor y la contribución de los miembros del equipo. Este reconocimiento puede adoptar diversas formas, desde el elogio público hasta la entrega de premios, pero su impacto radica en el gesto genuino de aprecio por el esfuerzo y la dedicación.

El reconocimiento oportuno es especialmente crucial. Cuando se reconoce el logro de un objetivo o la superación de desafíos, se refuerza el comportamiento positivo y se motiva a los empleados a mantener altos niveles de rendimiento. Este tipo de feedback positivo también contribuye a construir una cultura organizacional donde la excelencia es valorada y celebrada, generando un ciclo de motivación continua.

Además de destacar los logros individuales, es importante reconocer los esfuerzos colaborativos. Al hacerlo, se fortalece el sentido de pertenencia al equipo y se fomenta una cultura de apoyo mutuo. Este tipo de reconocimiento también ayuda a consolidar la idea de que el éxito es un esfuerzo colectivo y que cada miembro del equipo desempeña un papel valioso en la consecución de metas compartidas.

El reconocimiento y aprecio no se limitan a las grandes victorias; incluso pequeños logros o mejoras merecen ser reconocidos. Esto crea un ambiente donde los empleados se sienten valorados constantemente, lo que tiene un impacto positivo en la moral, la satisfacción laboral y la retención de talento. En última instancia, el reconocimiento y aprecio efectivos contribuyen no solo a la motivación a corto plazo, sino también al bienestar general y al compromiso a largo plazo de los miembros del equipo.

**Fomenta un Ambiente Positivo**

Fomentar un ambiente positivo en el entorno laboral es esencial para cultivar la motivación y la productividad de los miembros del equipo. Este ambiente se construye sobre la base de relaciones laborales saludables, donde la comunicación abierta y el respeto mutuo son fundamentales. Cuando los líderes establecen un tono positivo, se crea un efecto dominó que influye en la actitud y el comportamiento de todo el equipo.

La promoción de un ambiente positivo implica reconocer y celebrar los logros, incluso los pequeños avances, destacando así el progreso y fomentando un sentido de logro. Al mismo tiempo, es importante abordar los desafíos con una mentalidad constructiva, viendo las dificultades como oportunidades para aprender y crecer en lugar de obstáculos insuperables. Esto contribuye a la resiliencia y a la disposición para enfrentar nuevos desafíos.

La inclusión y la diversidad también desempeñan un papel crucial en un ambiente laboral positivo. Cuando se valora la diversidad de perspectivas, habilidades y experiencias, se crea un espacio donde todos los empleados se sienten respetados y apreciados. Este sentido de pertenencia fortalece la cohesión del equipo y promueve un ambiente en el que cada individuo se siente libre de contribuir con sus ideas y habilidades únicas.

La transparencia en la comunicación y la toma de decisiones es otro elemento clave para fomentar la positividad. Cuando los empleados sienten que están informados y son parte del proceso decisional, se construye un ambiente de confianza. Además, la retroalimentación constructiva se convierte en una herramienta valiosa para el crecimiento personal y profesional, ya que se brinda de manera que inspire mejora en lugar de desmotivación.

En última instancia, fomentar un ambiente positivo implica cultivar una cultura organizacional donde el trabajo se perciba como significativo, donde la colaboración sea incentivada y donde la gratitud y el reconocimiento sean prácticas cotidianas. Este tipo de entorno no solo contribuye al bienestar general de los empleados, sino que también potencia la creatividad, la innovación y la efectividad del equipo en la consecución de objetivos comunes. Delegación y Empoderamiento

Delega responsabilidades y empodera a los demás. Permitir que asuman roles importantes y tomen decisiones contribuye a un sentido de responsabilidad y motivación.

**Establece Expectativas Claras**

Establecer expectativas claras es un componente fundamental del liderazgo efectivo, ya que proporciona a los miembros del equipo una guía clara sobre lo que se espera de ellos. La claridad en cuanto a los objetivos, las responsabilidades y los estándares de desempeño es esencial para alinear a todos hacia metas comunes. Cuando los líderes comunican de manera precisa y transparente qué se espera, se facilita a los empleados la comprensión de su papel y la forma en que su contribución contribuye al éxito general.

Además de la claridad en las expectativas, es crucial involucrar a los miembros del equipo en el proceso de establecimiento de metas y objetivos. Cuando los empleados participan activamente en la definición de sus propios objetivos y comprenden cómo estos se vinculan con la visión general de la organización, se crea un sentido más profundo de propósito y motivación.

El establecimiento de expectativas también implica proporcionar retroalimentación constante sobre el desempeño. Los líderes deben ser claros al comunicar lo que está funcionando bien y dónde se pueden realizar mejoras. Esta retroalimentación constructiva no solo ayuda a corregir el curso cuando sea necesario, sino que también refuerza los comportamientos positivos y contribuye al desarrollo continuo de los empleados.

En un entorno donde las expectativas son claras, los empleados se sienten más capacitados para tomar decisiones informadas y para asumir responsabilidades. Además, la transparencia sobre las expectativas crea un ambiente de confianza y apertura, donde los miembros del equipo se sienten cómodos compartiendo sus ideas y preocupaciones sin temor a malentendidos.

Finalmente, el establecimiento de expectativas claras no es estático. A medida que evolucionan las circunstancias y los objetivos organizacionales, es necesario ajustar y comunicar las expectativas de manera proactiva. La flexibilidad en este proceso asegura que el equipo esté siempre alineado con los objetivos estratégicos y que los miembros del equipo estén equipados para tener éxito en su trabajo. En resumen, la claridad en las expectativas es un pilar fundamental para un equipo bien organizado y motivado.

**Ofrece Oportunidades de Desarrollo**

Ofrecer oportunidades de desarrollo es una estrategia clave para mantener a los miembros del equipo motivados y comprometidos. Esto implica proporcionar caminos para que los empleados crezcan profesional y personalmente, fomentando un ambiente en el que la mejora continua sea valorada y alentada. Proporcionar oportunidades de desarrollo no solo beneficia a los empleados individualmente, sino que también contribuye al éxito a largo plazo de la organización.

El desarrollo profesional puede adoptar diversas formas, desde programas de capacitación y talleres hasta asignaciones desafiantes y proyectos especiales. Al ofrecer estas oportunidades, los líderes demuestran un compromiso con el crecimiento y la evolución de su equipo. Además, el acceso a recursos educativos y capacitación fortalece las habilidades y la competencia de los empleados, permitiéndoles contribuir de manera más significativa al logro de los objetivos organizativos.

Asimismo, proporcionar oportunidades de desarrollo personal es esencial. Esto puede incluir programas de mentoría, coaching o actividades que fomenten el equilibrio entre el trabajo y la vida personal. Cuando los empleados sienten que la organización se preocupa por su bienestar integral, están más inclinados a dedicarse plenamente a sus responsabilidades laborales.

La personalización en las oportunidades de desarrollo también es crucial. Reconocer y apoyar las metas individuales de crecimiento de cada miembro del equipo permite un enfoque más adaptado a sus necesidades y aspiraciones específicas. Esto no solo maximiza el impacto del desarrollo, sino que también fortalece el compromiso y la lealtad de los empleados hacia la organización.

Un aspecto importante del desarrollo es el reconocimiento de los logros alcanzados durante el proceso. Celebrar los hitos en el desarrollo refuerza la importancia del aprendizaje continuo y motiva a otros a buscar oportunidades similares. En última instancia, el ofrecer oportunidades de desarrollo no solo mejora las habilidades y competencias, sino que también nutre una cultura de aprendizaje y crecimiento dentro del equipo, lo que contribuye al éxito a largo plazo tanto a nivel individual como organizacional.

**Promueve la Colaboración**

Promover la colaboración en el entorno laboral es esencial para fomentar un equipo fuerte y eficiente. La colaboración va más allá de simplemente trabajar juntos; implica la creación de un ambiente donde los miembros del equipo se sientan cómodos compartiendo ideas, conocimientos y recursos para alcanzar objetivos comunes. Cuando los líderes promueven activamente la colaboración, están construyendo los cimientos de un equipo que puede abordar desafíos de manera conjunta y aprovechar la diversidad de habilidades y perspectivas.

La colaboración fomenta la creatividad y la innovación al propiciar un intercambio libre de ideas. Cuando los empleados sienten que sus opiniones son valoradas y que tienen un espacio para contribuir, se crea un ambiente propicio para la generación de soluciones novedosas y la mejora continua de procesos.

Además, la colaboración contribuye a la construcción de relaciones sólidas entre los miembros del equipo. Cuando los empleados trabajan juntos en proyectos y comparten responsabilidades, se fortalece la confianza mutua. Esto no solo mejora la dinámica del equipo, sino que también facilita la comunicación abierta y la resolución efectiva de conflictos.

La promoción de la colaboración también puede implicar la implementación de herramientas y tecnologías que faciliten la comunicación y el intercambio de información. Las plataformas colaborativas y las reuniones regulares para discutir ideas y proyectos son formas efectivas de mantener a todos en el equipo informados y comprometidos.

La colaboración transversal entre departamentos y niveles jerárquicos también es clave para maximizar el potencial del equipo. Al romper las barreras organizativas y fomentar la colaboración entre diferentes áreas, se promueve un enfoque más integral y eficiente para abordar los desafíos y alcanzar metas estratégicas.

En resumen, promover la colaboración no solo mejora la efectividad operativa, sino que también contribuye a un entorno de trabajo enriquecedor. Cuando los líderes fomentan un espíritu colaborativo, están cultivando un equipo que puede adaptarse a cambios rápidos, enfrentar desafíos complejos y prosperar en un mundo laboral cada vez más interconectado.

## Escucha Activa

Escucha a tus colegas. Entender sus preocupaciones, ideas y aspiraciones puede ayudarte a adaptar tu enfoque de liderazgo para satisfacer sus necesidades y motivaciones.

## Celebra los Éxitos

Celebra los logros, incluso los pequeños. Reconocer y celebrar los éxitos crea un ambiente positivo y refuerza la idea de que el esfuerzo valioso conduce a resultados positivos.

## Proporciona Retroalimentación Constructiva

Ofrece retroalimentación constructiva y orientada al desarrollo. Ayuda a las personas a entender cómo pueden mejorar y crecer en sus roles.

Recuerda que cada persona es única, por lo que es importante adaptar tu enfoque a las necesidades individuales de los miembros de tu equipo. La autenticidad y la empatía son claves para influir positivamente en la inspiración y motivación de los demás.

/ Alejandro Rivera /

# Desarrollo de la Visión y la Estrategia Transformacional

El desarrollo de una visión y estrategia transformacional implica un profundo proceso de reflexión y planificación que guiará la dirección futura de la organización. Comienza identificando los valores fundamentales y la misión esencial de la entidad, delineando una visión inspiradora que refleja el destino deseado. Esta visión debe ser clara, convincente y capaz de inspirar a todos los miembros del equipo, proporcionando un sentido colectivo de propósito.

Conjuntamente con la visión, se desarrolla una estrategia transformacional que traza el camino para alcanzar esos objetivos ambiciosos. Esta estrategia implica un análisis profundo del entorno externo e interno, identificando oportunidades y desafíos, así como las capacidades distintivas de la organización. Además, se consideran las tendencias del mercado, las tecnologías emergentes y las necesidades cambiantes de los stakeholders para asegurar la relevancia a largo plazo.

La participación activa de los miembros del equipo es fundamental en este proceso. Se fomenta la colaboración para recoger diversas perspectivas y aprovechar la inteligencia colectiva. Los líderes no solo comunican la visión y la estrategia, sino que también la integran en la cultura organizacional, asegurando que cada decisión y acción estén alineadas con los objetivos transformacionales.

La ejecución de la estrategia transformacional implica un enfoque proactivo en la gestión del cambio, ya que se busca desafiar el status quo y abrazar nuevas formas de pensar y trabajar. La capacitación y el desarrollo de habilidades se integran para alinear a los empleados con la visión y garantizar que estén equipados para contribuir al cambio positivo. La medición constante del progreso y la adaptación ágil son elementos clave para ajustar la estrategia según sea necesario en un entorno dinámico.

En última instancia, el desarrollo de la visión y la estrategia transformacional no es solo un ejercicio estratégico, sino una invitación a la organización para embarcarse en un viaje de evolución continua, donde la adaptabilidad y la innovación son fundamentales para alcanzar metas ambiciosas y sostenibles.

El desarrollo de una visión y estrategia transformacional requiere una cuidadosa reflexión sobre el propósito fundamental de la organización y la dirección que se busca seguir. En este proceso, los líderes no solo identifican metas y objetivos tangibles, sino que también buscan comprender la esencia de lo que la organización aspira a lograr y cómo impactará positivamente en su entorno.

Una visión transformacional debe ir más allá de simplemente describir el futuro; debe inspirar y motivar a todos los miembros del equipo. Se busca crear una imagen vívida y emocionante del éxito futuro, conectando las metas estratégicas con los valores fundamentales de la organización. La visión actúa como un faro que guía las decisiones y acciones, proporcionando una brújula moral para la empresa.

La estrategia transformacional, por otro lado, implica la formulación de planos concretos para alcanzar la visión. Esto incluye la identificación de iniciativas clave, la asignación de recursos y la definición de indicadores de éxito. La estrategia debe ser ágil y adaptativa, capaz de responder a cambios en el entorno empresarial y a nuevas oportunidades que surjan.

La comunicación efectiva desempeña un papel crucial en este proceso. Los líderes deben articular la visión y estrategia de manera clara y persuasiva, asegurándose de que todos los miembros del equipo comprendan su papel en la realización de estos objetivos ambiciosos. La transparencia y la apertura al diálogo son esenciales para fomentar la comprensión y el compromiso.

La implementación exitosa de una estrategia transformacional implica el fortalecimiento de la cultura organizacional. Los valores y comportamientos deseados se refuerzan mediante prácticas de liderazgo, sistemas de recompensas y programas de desarrollo. La capacidad de aprender y adaptarse se convierte en una competencia central para todos los miembros del equipo.

En resumen, el desarrollo de la visión y estrategia transformacional no solo es un ejercicio estratégico, sino un proceso holístico que abarca la inspiración, la planificación detallada y la ejecución eficiente. Requiere el compromiso continuo de todos los niveles de la organización para lograr un cambio significativo y duradero.

# Comunicación Transformacional: Cómo Inspirar a través de las Palabras

La comunicación transformacional, centrada en inspirar a través de las palabras, implica un enfoque consciente y auténtico para motivar y movilizar a los demás. En primer lugar, es esencial cultivar la empatía, entendiendo las perspectivas y emociones de la audiencia. Este conocimiento permite adaptar el mensaje de manera que resuene con sus valores y aspiraciones, creando una conexión emocional.

El uso de un lenguaje inspirador es fundamental. Las palabras deben ir más allá de la mera transmisión de información; Deben evocar emociones y desencadenar un sentido de propósito compartido. La claridad en la articulación de la visión y metas, combinada con metáforas y narrativas poderosas, contribuye a pintar un cuadro vívido del futuro deseado, motivando a la acción.

La autenticidad es la piedra angular de la comunicación transformacional. Los líderes deben hablar desde el corazón, compartir sus propias experiencias y valores. Este nivel de autenticidad no solo construye confianza, sino que también inspira a otros a ser más abiertos y comprometidos. La transparencia sobre los desafíos y el camino hacia el éxito refuerza la credibilidad del mensaje.

El diálogo abierto y bidireccional es esencial. La comunicación transformacional no es un monólogo; es un intercambio continuo. Fomentar un ambiente donde se valoren las opiniones y se aliente la participación activa contribuye a un diálogo constructivo, generando un sentido de pertenencia y colectividad.

Finalmente, la consistencia en el mensaje a lo largo del tiempo es clave. La repetición de temas fundamentales refuerza la importancia de la visión y estrategia, anclando el propósito compartido en la mente de la audiencia. La coherencia entre las palabras y las acciones respalda la credibilidad y fortalece el impacto transformacional de la comunicación. En conjunto, estos elementos crean una comunicación que no solo informa, sino que también inspira, guiando a individuos y equipos hacia el logro de metas significativas y compartidas.

La comunicación transformacional, destinada a inspirar a través de las palabras, requiere un enfoque estratégico que va más allá de la mera transmisión de información. En primer lugar, es esencial establecer una conexión emocional con la audiencia. Esto se logra mediante el reconocimiento y la validación de sus emociones, preocupaciones y aspiraciones. Mostrar empatía y comprensión establece un terreno común para construir un mensaje poderoso y resonante.

Una comunicación transformacional efectiva también implica la presentación de una visión clara y ambiciosa. Los líderes deben articular no solo el "qué", es decir, los objetivos concretos, sino también el "por qué", destacando la relevancia y el propósito más profundo detrás de estas metas. Esta visión convincente actúa como un imán, atrayendo la atención y la adhesión de la audiencia.

El uso de metáforas y analogías puede ser una herramienta poderosa para ilustrar conceptos complejos y hacer que la visión sea más accesible. Las imágenes evocadoras y las historias inspiradoras ayudan a pintar un cuadro vívido del futuro deseado, facilitando la comprensión y generando un impacto emocional duradero.

En la comunicación transformacional, la autenticidad es un activo invaluable. Los líderes deben ser genuinos y transparentes en su expresión, compartiendo experiencias personales y demostrando una conexión auténtica con la visión que están presentando. Esta autenticidad crea un terreno fértil para la confianza y la credibilidad.

Además, fomentar la participación activa y el diálogo continuo es esencial. La comunicación no debería limitarse a una dirección única; se trata de un intercambio dinámico. Al invitar a la audiencia a contribuir con ideas y perspectivas, se construye un sentido de colectividad y pertenencia, lo que fortalece el compromiso y la motivación.

En resumen, la comunicación transformacional va más allá de informar; busca inspirar, movilizar y conectar a las personas con un propósito compartido. Con un enfoque estratégico que incorpora elementos emocionales, narrativos y participativos, esta forma de comunicación tiene el poder de catalizar cambios significativos y duraderos en individuos y equipos.

# La Importancia de la Inteligencia Emocional en el Liderazgo

La importancia de la inteligencia emocional en el liderazgo radica en su capacidad para fortalecer las relaciones interpersonales y potenciar el rendimiento de los equipos. Los líderes con alta inteligencia emocional poseen una profunda comprensión de sus propias emociones, lo que les permite manejar el estrés y tomar decisiones informadas en situaciones desafiantes. Además, esta habilidad se extiende a la percepción y comprensión de las emociones de los demás, fomentando la empatía y la capacidad de adaptarse a las necesidades individuales de los miembros del equipo.

La habilidad de regular y expresar emociones de manera efectiva es clave en el liderazgo. Los líderes emocionalmente inteligentes pueden gestionar conflictos de manera constructiva, motivar a sus equipos y crear un ambiente de trabajo positivo. La empatía, componente central de la inteligencia emocional, permite a los líderes comprender las preocupaciones y perspectivas de sus colaboradores, construyendo así relaciones más sólidas y una cultura organizacional basada en la confianza y la colaboración.

Además, la inteligencia emocional influye en la toma de decisiones, ya que los líderes pueden evaluar de manera más precisa el impacto emocional de sus elecciones en el equipo. Esta conciencia emocional se traduce en una mayor eficacia para inspirar y motivar, contribuyendo al compromiso y la productividad general. En resumen, la inteligencia emocional en el liderazgo no solo mejora la dinámica del equipo, sino que también potencia la capacidad de liderar en entornos cambiantes y desafiantes.

La inteligencia emocional en el liderazgo desempeña un papel fundamental al influir positivamente en el clima organizacional y en la efectividad del liderazgo. Los líderes emocionalmente inteligentes son capaces de gestionar sus propias emociones de manera que no solo mantienen un equilibrio personal, sino que también establecen un tono emocional positivo en el entorno laboral. Esta habilidad de autorregulación contribuye a un ambiente de trabajo más saludable y colaborativo.

Asimismo, la inteligencia emocional facilita la construcción de relaciones sólidas entre los líderes y sus equipos. La empatía, una de las dimensiones clave de la inteligencia emocional, permite a los líderes comprender las experiencias y perspectivas de sus colaboradores, fortaleciendo la conexión interpersonal. Esta conexión, a su vez, fomenta la confianza y la lealtad, elementos esenciales para el liderazgo efectivo a largo plazo.

La capacidad de motivar e inspirar es otra área donde destaca la inteligencia emocional. Los líderes emocionalmente inteligentes son hábiles para reconocer y recompensar los logros, proporcionando un estímulo emocional que impulsa la motivación intrínseca de los miembros del equipo. Esta capacidad de liderar con emoción y propósito contribuye a un sentido de significado en el trabajo, mejorando la satisfacción laboral y la retención de talento.

En tiempos de cambio y adversidad, la inteligencia emocional se vuelve aún más crítica. Los líderes emocionalmente inteligentes son capaces de gestionar el impacto emocional de situaciones desafiantes, manteniendo la estabilidad emocional y orientando a sus equipos hacia soluciones constructivas. La resiliencia emocional se convierte en un activo invaluable para superar obstáculos y liderar exitosamente en condiciones difíciles.

En resumen, la inteligencia emocional no solo mejora las habilidades personales del líder, sino que también tiene un impacto directo en la dinámica del equipo y en la cultura organizacional. Al integrar la conciencia emocional en el liderazgo, se establece una base sólida para el crecimiento personal y profesional, así como para el éxito sostenible de la organización.

/ Alejandro Rivera /

# La Empatía como Herramienta de Transformación

La empatía funciona como una poderosa herramienta de transformación al permitir una comprensión profunda de las experiencias y perspectivas de los demás. En el contexto de liderazgo y cambio organizacional, la empatía se convierte en un catalizador para la transformación al facilitar la conexión genuina entre líderes y miembros del equipo. Cuando los líderes practican la empatía, muestran una auténtica preocupación por las emociones, desafíos y aspiraciones de los empleados, construyendo así relaciones más sólidas y basadas en la confianza.

La empatía actúa como un puente que conecta a las personas y promueve un sentido de pertenencia. En situaciones de cambio, donde pueden surgir incertidumbres y resistencias, la empatía sirve como un mecanismo para validar las preocupaciones individuales y disolver posibles barreras. Los líderes empáticos no solo comprenden las reacciones emocionales de sus equipos ante el cambio, sino que también adaptan sus enfoques y mensajes para abordar esas emociones, allanando el camino para una transformación más efectiva.

Además, la empatía facilita la creación de un entorno inclusivo, donde cada miembro del equipo se siente valorado y comprendido. Esto fomenta la diversidad de pensamiento y promueve la innovación, elementos clave para cualquier proceso de transformación exitoso. Los líderes empáticos no solo escuchan, sino que también actúan sobre las necesidades y preocupaciones de su equipo, mostrando un compromiso real con su bienestar y desarrollo.

En última instancia, la empatía como herramienta de transformación va más allá de la mera comprensión; impulsa la acción positiva y fortalece la cohesión del equipo. Al cultivar una cultura organizacional basada en la empatía, los líderes pueden liderar procesos de cambio de manera más efectiva, construyendo equipos resilientes y adaptativos que abrazan la transformación con un sentido compartido de propósito y apoyo mutuo.

La empatía opera como una herramienta de transformación al facilitar una conexión emocional profunda entre líderes y equipos, generando un ambiente propicio para el cambio positivo. En el contexto de la transformación organizacional, la empatía se manifiesta al comprender las ansiedades y resistencias de los empleados frente al cambio. Los líderes empáticos reconocen y validan estas preocupaciones, lo que contribuye a la creación de un espacio seguro para la expresión de emociones, allanando así el camino para una transición más suave y efectiva.

La empatía también desempeña un papel fundamental al estimular la creatividad y la colaboración durante los procesos de transformación. Al comprender las perspectivas y habilidades únicas de los miembros del equipo, los líderes pueden asignar roles y responsabilidades de manera más estratégica, aprovechando las fortalezas individuales para el beneficio colectivo. Esta comprensión profunda fomenta un ambiente donde las ideas innovadoras florecen y se promueve una cultura de aprendizaje continuo.

Asimismo, la empatía como herramienta de transformación se refleja en la capacidad de los líderes para adaptar sus estrategias de comunicación. Al entender cómo los mensajes pueden ser percibidos emocionalmente por diferentes audiencias, los líderes pueden ajustar su enfoque para abordar las preocupaciones específicas de los empleados, construyendo así un sentido de colectividad en torno a los objetivos de transformación.

La empatía no solo se limita a la comprensión, sino que también impulsa la acción. Los líderes empáticos están mejor posicionados para implementar medidas de apoyo y recursos que aborden las necesidades emocionales y profesionales de sus equipos durante períodos de cambio. Esta acción proactiva refuerza la confianza y demuestra un compromiso genuino con el bienestar y el desarrollo de los empleados.

En resumen, la empatía no solo sirve como un medio para comprender, sino como un motor para la acción transformadora. Al incorporar la empatía en el liderazgo durante procesos de cambio, se crea un entorno que favorece la adaptabilidad, la innovación y la colaboración, elementos esenciales para una transformación organizacional exitosa y sostenible.

# Crisis y Liderazgo Transformacional

Aplicar el liderazgo transformacional en tiempos de crisis implica adoptar un enfoque proactivo y visionario para guiar a la organización a través de desafíos significativos. En primer lugar, los líderes transformacionales deben comunicar una visión clara e inspiradora que trascienda la adversidad inmediata, proporcionando a los miembros del equipo un sentido de propósito y dirección. Este enfoque visionario actúa como un faro que orienta las decisiones y acciones durante la crisis.

La empatía se convierte en una herramienta esencial en el liderazgo transformacional durante momentos difíciles. Los líderes deben demostrar comprensión y sensibilidad hacia las preocupaciones y desafíos individuales de los empleados, creando un entorno de apoyo emocional. Al mostrar autenticidad y preocupación por el bienestar de su equipo, los líderes transformacionales construyen relaciones sólidas que fortalecen la cohesión y la resistencia del grupo.

El estímulo de la innovación y la creatividad es otro aspecto clave del liderazgo transformacional en crisis. Fomentar un ambiente donde se valoren las ideas nuevas y se busquen soluciones creativas contribuyen a la adaptabilidad y al surgimiento de oportunidades en medio de la adversidad. Los líderes transformacionales motivan a sus equipos a pensar más allá de las limitaciones actuales, buscando formas innovadoras de superar desafíos y transformar la crisis en una oportunidad de crecimiento y aprendizaje.

Finalmente, la autenticidad y la transparencia en la comunicación son fundamentales. Los líderes transformacionales reconocen las realidades de la crisis, pero también destacan el potencial de superarla juntos. Compartir información relevante y ser honestos sobre los desafíos, así como los planos de acción, fomenta la confianza y la colaboración.

En situaciones de crisis, el liderazgo transformacional se destaca al enfocarse en inspirar y movilizar a los equipos hacia la adaptación y el cambio positivo. Los líderes transformacionales se convierten en agentes de motivación, instalando a los miembros del equipo a superar la adversidad mediante la creación de un sentido colectivo de urgencia y propósito. Esto implica establecer metas desafiantes pero alcanzables, enfocándose en la innovación y la resolución creativa de problemas para abordar los desafíos específicos que la crisis plantea.

La flexibilidad y la capacidad de liderar a través de la ambigüedad son aspectos cruciales del liderazgo transformacional en momentos críticos. Los líderes deben ser capaces de ajustar estrategias y prioridades según evolucionan las circunstancias, al mismo tiempo que proporcionan una dirección constante y una visión a largo plazo. Esta adaptabilidad se traduce en una mayor resiliencia organizacional y en la capacidad de aprovechar las oportunidades emergentes incluso en medio de la turbulencia.

La construcción de relaciones sólidas se intensifica en el liderazgo transformacional durante la crisis. Los líderes deben conectarse a un nivel personal con los miembros del equipo, demostrando apoyo y comprensión no solo de las demandas laborales, sino también de las preocupaciones personales y emocionales. Esta conexión fortalece la cohesión del equipo y fomenta un ambiente de confianza y solidaridad.

El liderazgo transformacional en crisis también implica la toma de decisiones audaces y éticas. Los líderes deben ser capaces de evaluar rápidamente las opciones disponibles, tomar decisiones informadas y asumir la responsabilidad de sus elecciones. La transparencia sobre el proceso de toma de decisiones y la disposición para aprender de los resultados, ya sean éxitos o fracasos, contribuyen a la credibilidad del liderazgo.

En conclusión, el liderazgo transformacional en crisis se caracteriza por la inspiración, la adaptabilidad, la construcción de relaciones y la toma de decisiones audaces. Estos aspectos trabajan en conjunto para no solo guiar a la organización a través de la crisis, sino también para posicionarla para la innovación y el crecimiento sostenible a largo plazo.

/ Alejandro Rivera /

# Liderazgo Transformacional en Equipos Multiculturales

Aplicar el liderazgo transformacional en equipos multiculturales requiere un enfoque adaptativo y una profunda comprensión de las diferencias culturales presentes. En primer lugar, los líderes transformacionales deben fomentar la inclusión y la diversidad, reconociendo y valorando las distintas perspectivas y habilidades aportadas por cada miembro del equipo. Esto implica cultivar un ambiente donde se celebran las diferencias culturales y se promueva el respeto mutuo.

La comunicación efectiva se vuelve aún más crucial en equipos multiculturales. Los líderes transformacionales deben ser conscientes de las barreras lingüísticas y las diferencias en estilos de comunicación, adaptando su enfoque para garantizar que el mensaje sea comprensible y resuene en todos los miembros del equipo. La transparencia y la apertura en la comunicación contribuyen a construir un ambiente de confianza, fundamental para el liderazgo transformacional.

El estímulo de la creatividad y la innovación es esencial en equipos multiculturales, ya que la diversidad de perspectivas puede conducir a soluciones más ricas y creativas. Los líderes transformacionales deben fomentar un ambiente que valore la contribución única de cada miembro, fomentando la participación activa y la expresión libre de ideas. La capacidad de inspirar y motivar a través de la visión compartida se vuelve aún más vital en este contexto, ya que un propósito común puede superar las diferencias culturales y unificar al equipo hacia metas compartidas.

Además, el liderazgo transformacional en equipos multiculturales implica el desarrollo de la inteligencia cultural. Los líderes deben educarse sobre las diversas culturas presentes en el equipo, comprender las dinámicas culturales subyacentes y ajustar sus estrategias de liderazgo según sea necesario. La sensibilidad cultural y la adaptabilidad son esenciales para construir relaciones efectivas y para liderar un equipo diverso hacia el logro colectivo de objetivos.

El liderazgo transformacional en equipos multiculturales también se destaca por la construcción de un entorno inclusivo que fomenta la colaboración y el entendimiento intercultural. Los líderes transformacionales deben promover activamente la integración de diversas culturas, estableciendo normas y prácticas que valoren la igualdad y la equidad. Al crear un ambiente donde cada miembro se sienta respetado y reconocido, se fortalece la cohesión del equipo y se reduce la posibilidad de conflictos culturales.

La flexibilidad y adaptabilidad son esenciales en el liderazgo transformacional en contextos multiculturales. Los líderes deben estar dispuestos a ajustar sus métodos de liderazgo según las necesidades y expectativas culturales de los miembros del equipo. Esto implica comprender las diferencias en estilos de trabajo, preferencias de comunicación y actitudes hacia la autoridad. La capacidad de adaptarse a estas variaciones culturales contribuye a la efectividad del liderazgo y a la construcción de relaciones sólidas.

El desarrollo de habilidades de gestión del conflicto se vuelve crucial en equipos multiculturales bajo el liderazgo transformacional. Las diferencias culturales pueden dar lugar a malentendidos o tensiones, y los líderes deben ser capaces de abordar estos desafíos de manera constructiva. La promoción de un diálogo abierto y la facilitación de la resolución de conflictos con sensibilidad cultural contribuyen a mantener la armonía en el equipo.

Por último, la celebración de la diversidad se convierte en una práctica fundamental del liderazgo transformacional en equipos multiculturales. Reconocer y destacar las contribuciones individuales de cada miembro, así como celebrar eventos culturales significativos, promueve un sentimiento de pertenencia y enriquece la experiencia laboral. Los líderes transformacionales que fomentan un ambiente donde la diversidad es apreciada y se consideran contribuyentes no solo al éxito del equipo, sino también al crecimiento individual y colectivo de sus miembros.

# Ética y Responsabilidad en el Liderazgo

La ética y la responsabilidad son fundamentales en el liderazgo, actuando como pilares que sustentan la integridad y la credibilidad de un líder. Desde una perspectiva ética, los líderes deben tomar decisiones fundamentadas en principios morales y valores sólidos, asegurándose de que sus acciones estén alineadas con estándares éticos elevados. Esto implica no solo cumplir con las normativas y regulaciones, sino también ir más allá, considerando el impacto de sus decisiones en todas las partes aceptables y buscando el bienestar a largo plazo.

La responsabilidad en el liderazgo implica asumir las consecuencias de las decisiones tomadas y de las acciones emprendidas. Los líderes responsables reconocen que tienen un papel crucial en el éxito o fracaso de sus equipos u organizaciones y, por lo tanto, deben rendir cuentas por sus elecciones. Esto incluye la disposición para admitir errores, aprender de ellos y tomar medidas correctivas cuando sea necesario. Además, implica la responsabilidad hacia los empleados, clientes y la sociedad en general, asegurándose de que las operaciones y prácticas empresariales sean éticas, sostenibles y socialmente responsables.

En conjunto, la ética y la responsabilidad en el liderazgo forman la base de un liderazgo efectivo y sostenible. Los líderes éticos y responsables no solo inspiran confianza y lealtad, sino que también contribuyen al desarrollo de un entorno laboral positivo y a la construcción de una reputación empresarial sólida y ética. Al priorizar la toma de decisiones éticas y asumir la responsabilidad de sus acciones, los líderes establecieron un estándar elevado que influye en la cultura organizacional y en la percepción pública de la empresa.

La ética y la responsabilidad en el liderazgo también se manifiestan en la capacidad de los líderes para actuar con integridad en todas las interacciones. La integridad implica la coherencia entre las palabras y las acciones, así como la honestidad y la transparencia en todas las operaciones. Los líderes éticos establecieron un ejemplo a seguir al adherirse a principios morales, incluso en situaciones desafiantes, y al construir relaciones basadas en la confianza mutua con sus equipos y demás partes interesadas.

Asimismo, la responsabilidad social empresarial (RSE) se ha vuelto cada vez más crucial en el liderazgo contemporáneo. Los líderes éticos reconocen la influencia significativa que tienen en la sociedad y el medio ambiente, y asumen la responsabilidad de contribuir al bienestar general. Esto implica considerar el impacto social y ambiental de las operaciones empresariales, adoptar prácticas sostenibles y participar activamente en iniciativas comunitarias. La RSE no solo fortalece la imagen de la empresa, sino que también refleja un liderazgo comprometido con la construcción de un mundo más justo y sostenible.

La ética y la responsabilidad también se extienden al desarrollo y bienestar de los colaboradores. Los líderes éticos se preocupan por el crecimiento profesional y personal de sus equipos, ofreciendo oportunidades de desarrollo, un ambiente laboral saludable y una compensación justa. La equidad en las prácticas de recursos humanos y la promoción de la diversidad e inclusión son aspectos esenciales de la responsabilidad ética en el liderazgo.

En resumen, la ética y la responsabilidad en el liderazgo abarcan la integridad personal, la responsabilidad social empresarial y el compromiso con el bienestar de los colaboradores. Estos aspectos no solo definen la identidad y la reputación de un líder, sino que también contribuyen a la creación de organizaciones éticas y socialmente responsables que prosperan a largo plazo.

/ Alejandro Rivera /

# El Líder como Mentor: Creando la Próxima Generación de Líderes Transformacionales

Crear nuevos líderes implica un enfoque integral en el desarrollo de habilidades y la promoción de una mentalidad de liderazgo desde dentro de la organización. En primer lugar, es esencial identificar y cultivar el potencial de liderazgo existente entre los colaboradores. Esto se logra mediante programas de evaluación, mentorías y la asignación de responsabilidades desafiantes que permitan a los empleados demostrar y desarrollar sus habilidades de liderazgo.

El aprendizaje experiencial desempeña un papel crucial en la formación de nuevos líderes. La exposición a situaciones de liderazgo de prácticas, como proyectos especiales o roles de liderazgo temporal, proporciona oportunidades para aplicar teorías y habilidades en un entorno real. Los programas de capacitación estructurados que abordan habilidades específicas, desde la toma de decisiones hasta la gestión del cambio, también son esenciales para construir una base sólida para el liderazgo emergente.

La mentoría y el coaching por parte de líderes establecidos ofrecen un camino valioso para el desarrollo de nuevos líderes. Los mentores pueden proporcionar orientación personalizada, compartir experiencias y brindar retroalimentación constructiva, acelerando el crecimiento de aquellos que están emergentes como líderes. Además, fomentar un ambiente que promueva la colaboración y el intercambio de conocimientos entre líderes experimentados y emergentes contribuye a la transferencia efectiva de habilidades y conocimientos.

La creación de nuevos líderes también implica la promoción de una cultura que valore y recompense el liderazgo. Reconocer y celebrar los logros de los líderes emergentes, así como proporcionar oportunidades claras de avance, incentivar a otros a asumir roles de liderazgo. La creación de un ambiente que fomente la iniciativa, la creatividad y la toma de riesgos respaldará el desarrollo continuo de nuevos líderes y contribuirá al crecimiento sostenible de la organización.

La creación de nuevos líderes implica un enfoque estratégico que va más allá del desarrollo de habilidades técnicas, centrándose en aspectos como la inteligencia emocional, la empatía y la gestión efectiva de personas. La promoción de la autoconciencia y la autorreflexión es esencial para que los futuros líderes comprendan sus fortalezas y áreas de desarrollo. Esto se puede lograr a través de evaluaciones, retroalimentación 360 grados y programas de desarrollo personalizados.

La exposición a diferentes contextos y roles dentro de la organización es un componente clave para formar líderes versátiles y con una comprensión holística. Rotaciones de trabajo, asignaciones internacionales y proyectos interdepartamentales brindan oportunidades para adquirir una perspectiva amplia y para desarrollar habilidades de liderazgo que trascienden funciones específicas. Esta diversidad de experiencias prepara a los futuros líderes para enfrentar desafíos complejos y tomar decisiones informadas.

La promoción de la innovación y la creatividad también es esencial en la formación de nuevos líderes. Fomentar un ambiente donde se valore la toma de riesgos calculados, el pensamiento crítico y la generación de nuevas ideas estimula el liderazgo innovador. Los líderes emergentes deben sentirse empoderados para desafiar el status quo y proponer soluciones novedosas, lo que contribuya a una cultura organizacional dinámica y adaptativa.

Además, la creación de líderes implica la construcción de una red sólida de apoyo. Facilitar la colaboración entre líderes emergentes y proporcionar oportunidades para establecer conexiones con líderes establecidos y entre pares fortalece la comunidad de liderazgo. Estas conexiones no solo ofrecen mentorías informales, sino que también contribuyen al intercambio de conocimientos y a la construcción de relaciones valiosas en la trayectoria profesional de los nuevos líderes.

En resumen, la creación de nuevos líderes va más allá del desarrollo de habilidades técnicas, incluyendo la inteligencia emocional, la exposición a diferentes experiencias, la promoción de la innovación y la construcción de una red de apoyo sólido. Este enfoque holístico prepara a los líderes emergentes para los desafíos y responsabilidades de liderar en un entorno empresarial dinámico y cambiante.

/ Alejandro Rivera /

www.ingramcontent.com/pod-product-compliance
Lightning Source LLC
Chambersburg PA
CBHW031322250726
48656CB00005B/1917